Fêtez Pâques

Marie-Laure de Montesquieu

avec la collaboration de

Agnès Behar et Karine Reysset

Fêtez Pâques

Comment préparer, organiser et réussir la fête des œufs, des cloches et des lapins...

BORNEMANN

Crédit des illustrations
Photographies : Marie-Laure de Montesquieu : pages 33, 34, 35, 36, 37, 38, 39, 40, 59, 60, 61. Dalbe : pages 57, 58. Cedus : pages 62, 63, 64.
Dessins : Agnès Behar : pages 8, 9, 11, 12, 14, 16, 17, 18, 20, 22, 23, 25, 26, 27, 28, 29h, 31, 32b, 33, 34, 37, 38, 42b, 45, 46, 47, 48, 49, 50, 51, 52h, 53, 54, 55, 57, 61, 62, 63, 64, 65, 66, 67, 68, 69, 70, 73, 75, 76, 77, 78, 79. Marie Crez : pages 32hm, 41, 42hm. Marie-Laure de Montesquieu : pages 29b, 30, 43, 44, 52.

Remerciements
DALBE
7, impasse Charles Garnier - 93400 Saint-Ouen
Tél. : 01 40 10 89 10

CEDUS (Centre d'études et de documentation du sucre)
30, rue de Lübeck - 75116 Paris
Tél. : 01 44 05 39 81

ISBN : 2-85182-599-2

Éditions Bornemann, 62, rue Blanche, 75009 Paris.

Sommaire

Pourquoi fêter Pâques?

Pâques est la fête la plus importante du calendrier chrétien. Sa célébration marque la fin de l'hiver, le début du printemps et fixe les dates de plusieurs fêtes mobiles. Le jour de Pâques commémore la Résurrection du Christ qui fut crucifié, selon le Nouveau Testament, la veille de la Pâque juive.

Que l'on soit chrétien ou non, pratiquant ou pas, la fête de Pâques est une occasion de se rassembler au sortir de l'hiver pour célébrer ensemble ce renouveau de la vie.

De nombreuses familles ont gardé le jeudi saint la tradition de l'œuf de Pâques peint par chacun. Le samedi de Pâques, on prépare les gâteaux, on dresse et on décore la table avec des bouquets de pâquerettes, d'anémones ou de coucous. Ces préparatifs solennisent le repas que l'on fera au retour de la messe. Dans le jardin, les cloches ont déposé des friandises, des œufs pour les enfants. Les adultes joueront à la choquée ou à la roulée.

Témoignage :

Anne, 2 enfants, Sarah 8 ans et Brice 2 ans

« Je suis très attachée à la fête de Pâques. Petite, c'était la fête que je préférais, avant Noël. Traditionnellement, je passais mes vacances de Pâques en Normandie chez mes grands-parents avec tous mes cousins et cousines. Comme le jardin était très grand, la recherche des œufs et petits cadeaux durait la matinée entière. C'était à celui qui avait la récolte la plus importante ! Nous continuons cette tradition chez mes parents qui ont un grand jardin. Les enfants retrouvent leurs cousins le lundi de Pâques pour la chasse aux œufs. Après la récolte, nous allons tous ensemble à la messe. »

Témoignage :

Sabine et Jacques, 3 enfants, César 8 ans, Tara 7 ans et Joy 4 ans

« Trois semaines avant Pâques, nous commençons à préparer des décorations pour la salle à manger : mobile, décors pour fenêtre, dessins etc. Mais l'activité principale consiste à transformer les œufs en petits personnages amusants. Quelques jours avant Pâques, je cuis une douzaine d'œufs durs et chaque enfant crée quatre ou cinq personnages. Chaque personnage servira de porte-nom sur la table pour le repas de Pâques. Chaque enfant décore également son panier avec des rubans de fleurs séchées ou des gommettes. Le jour de Pâques, nous cachons une centaine de petits œufs dans tout le jardin. Certains sont si bien cachés qu'on en retrouve encore au mois de mai ! »

Origines de la fête de Pâques

Des origines européennes très anciennes : les fêtes du printemps

Aujourd'hui identifiée au christianisme et au judaïsme, la fête de Pâques s'enracine tout autant dans les rites issus de la tradition indo-européenne marquant l'arrivée du printemps. Ainsi, chez les Saxons, Eastre, déesse du printemps et de la renaissance de la nature, donna le mot *Easter* (Pâques en anglais). A travers elle, on célébrait à l'équinoxe du printemps la terre qui renaît, le triomphe de la vie sur la mort et la promesse des moissons à venir. Cette fête était placée sous le double signe de la purification (il fallait éliminer les mauvaises choses de l'hiver, faire le « grand ménage » de printemps) et du renouveau, du retour à la vie avec d'innombrables jeux, feux de joie et déambulations collectives. Le lièvre, animal emblématique de la déesse, est resté associé aux festivités de Pâques dans les pays anglo-saxons.

Dans les pays celtiques, le moment de Pâques correspond à Satios, la fête des semailles tant symboliques que physiques. Les Celtes se réjouissaient de semer le grain qui bientôt sortirait du sol de la terre mère.

La Pâque Juive

La fête de Pâques chrétienne trouve plus directement ses origines dans la fête juive de *Pessah* (« passage » en hébreu). Les premiers chrétiens, instruits dans la tradition hébraïque, ont lié leurs fêtes traditionnelles d'équinoxe à celle du peuple hébreu qui, à ce moment de l'année, se souvient de sa libération du joug égyptien.

Exilé dans le désert, Moïse entendit Dieu, à travers les flammes d'un buisson en feu, lui donner l'ordre de retourner en Égypte, afin de délivrer son peuple asservi et de le ramener à Canaan. Moïse rentra donc en Égypte implorer la libération des Hébreux auprès du pharaon. Devant son refus, Moïse lui annonça les dix plaies d'Égypte qui durèrent presqu'un an et dont la plus douloureuse fut la mort du fils aîné de Ramsès II.

Afin que le pharaon laisse enfin les Hébreux partir, Dieu envoya l'ange destructeur « frapper tous les premiers nés, humains comme animaux ». Pour préserver son peuple de cette dernière plaie, Moïse demanda à chaque famille de tuer un agneau et de marquer leur porte de son sang en signe de respect envers leurs pères. L'Ange de la mort passa et épargna tous les premiers nés des Hébreux.

Moïse rassembla son peuple, lui demandant de tout laisser, de n'emporter que des vêtements et de bien se nourrir, car ils devaient tout trouver en Terre Promise. Ainsi mangèrent-ils avant de partir l'agneau Pascal selon le rite institué par Moïse. Esclaves depuis si longtemps, ils devaient accomplir ce geste symbolique afin de prouver qu'ils rompaient tous liens avec l'Égypte. C'est pourquoi *Pessah*, signifiant agneau, prit par la suite le sens de « passage » afin de commémorer les instructions données par Dieu à Moïse pour guider son peuple vers la Terre Promise.

Poursuivis par les Égyptiens, les Hébreux, conduits par Moïse, se heurtèrent au littoral de la mer Rouge. Dieu envoya un vent d'Est qui assécha la mer et les laissa passer.

Mais lorsque les Égyptiens s'engagèrent, les eaux se refermèrent sur eux. Le peuple de Moïse erra à travers le désert du Sinaï pendant quarante ans avant de retrouver enfin sa terre. C'est ce qu'on appelle « l'Exode ».

Lors de la fête solennelle de *Pessah*, les Juifs célèbrent leur libération et leur sortie d'Égypte. Ils la fêtent le quatorzième jour de la première lune de leur année religieuse, qui correspond au quatorzième jour du printemps. Comme Moïse l'avait demandé, le jour de la première Pâque, chaque famille juive devait tuer au coucher du soleil un agneau et le faire rôtir.

Selon les lois rabbiniques, les communautés de la *Diaspora*, (c'est-à-dire les Juifs vivant en dehors de Palestine après l'exil depuis le VIe siècle), doivent célébrer la Pâque pendant huit jours et prendre part durant les deux premières nuits à un repas de cérémonie, appelé *seder*. Celui-ci comporte des aliments rappelant les souffrances endurées par les Hébreux maintenus en esclavage en Égypte. Durant le festin pascal, les plus grands racontent l'exode aux plus petits.

Que signifiait « faire ses Pâques » ?

Au moment de Pâques, le chrétien va renouer avec l'événement central de sa foi : la mort et la résurrection de Jésus de Nazareth au moment de la Pâque juive. Pour « faire ses Pâques », le chrétien doit participer aux célébrations de sa paroisse et communier le jour de Pâques ou à l'un des dimanches suivants.

Qu'est-ce que le Carême ?

Les quarante jours de Carême permettaient de se préparer à célébrer Pâques. Il fallait durant cette période « faire maigre »

en modérant sa consommation de nourritures terrestres. Le vendredi de Carême il est interdit de manger de la viande. En outre, le croyant doit observer un jeûne total le mercredi saint et le vendredi saint.

Le carême commençait le mercredi des Cendres où le prêtre imposait des cendres sur le front invitant par ce geste à la pénitence durant quarante jours.

La veille, on fêtait – et on fête encore – le Mardi Gras : c'était le dernier jour où l'on pouvait manger abondamment et faire la fête, se déguiser, participer à des carnavals.

La tradition chrétienne du Carême avait également un résultat hygiénique et alimentaire. Il s'agissait de changer et de rompre ses habitudes, de se convertir. En effet, autrefois, les gens se nourrissaient, l'hiver surtout, de salaisons, de féculents et le corps supportait difficilement au printemps un changement radical de nourriture avec l'arrivée des fruits et des viandes fraîches. La diète était le plus sûr moyen de se refaire une santé, surtout dans les pays chauds !

Lettre de Madame de Sévigné

Lisez plutôt comment Madame de Sévigné décrit les « rigueurs » du jeûne dans une lettre des Rochers le 19 février 1690 :

« Je l'aime, je le mange comme si j'étais bretonne. Nous faisons des beurrées infinies, quelquefois sur la miche. Nous pensons toujours à vous en les mangeant. Mon fils y marque toujours toutes ses dents, et ce qui me fait plaisir, c'est que j'y marque aussi toutes les miennes. Nous y mettrons bientôt de petites herbes fines et des violettes. Le soir, un potage avec un peu de beurre, à la mode du pays, de bons pruneaux, de bons épinards. Enfin, ce n'est pas jeûner, et nous disons avec confusion : qu'on a peine à servir sainte Église ! ».

Le dimanche des Rameaux

A partir du IVe siècle après J.-C., ce dimanche des Rameaux ouvre la semaine sainte et célèbre le seul moment de gloire que connut Jésus sur terre quand « les disciples ramenèrent l'ânesse et l'âne (animaux de roi à l'époque), les couvrirent de leurs manteaux et firent monter Jésus. Une foule immense étendait ses vêtements sur la route ; certains coupaient des palmes pour en joncher le chemin et criaient *Hosanna*, nous rapporte Mathieu dans son évangile.

Comment fêtait-on autrefois la semaine sainte ?

La semaine sainte précède le dimanche de Pâques.

Durant la semaine sainte, mieux valait éviter de se couper les cheveux car ils risquaient de repousser multicolores ! Le travail du fer était mal vu car il rappelait les clous de la Crucifixion. Dans certaines régions, on ne travaillait pas la terre pour éviter de la faire saigner.

On nomme *Triduum Pascal* la période s'étendant du jeudi saint au dimanche de Pâques. Les chrétiens revivent à partir du jeudi saint les événements, pleins de tristesse puis de joie, de la vie de Jésus tels qu'ils sont relatés dans le Nouveau Testament.

Le jeudi saint commémore la Cène, le dernier repas que Jésus partagea avec ses apôtres. Suite à ce repas de Pâques, il fut arrêté dans la nuit sur le Mont des Oliviers.

La tradition voulait que les évêques, les rois, les reines ou les hauts dignitaires lavent les pieds des pauvres comme Jésus lava ceux de ses disciples. Nombreux sont ceux qui peignaient leurs œufs ce jour-là pendant que les cloches s'envolaient vers Rome. Dans le pays de Saintonge, il ne fallait surtout pas tailler, ni coudre des étoffes, car cela faisait

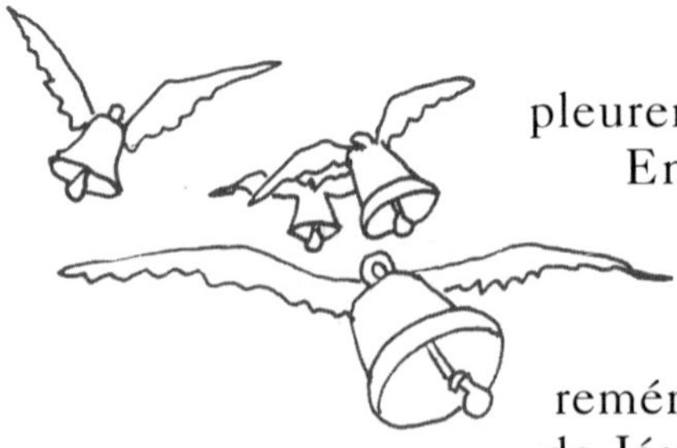

pleurer la sainte Vierge et saint Jean.

En Franche Comté, on ne devait pas balayer entre le lever et le coucher du soleil.

Le vendredi saint, on se remémore le couronnement d'épines de Jésus Christ, le chemin de croix, la crucifixion puis la mort du Christ.

Ce jour-là en particulier et toute la semaine, il était conseillé de ne faire aucune lessive si on ne voulait pas « laver son linceul ». A Metz, il était recommandé de sevrer les bébés pour qu'ils grandissent et soient plus intelligents.

Le samedi saint représente l'attente et l'espérance.

C'est ainsi que traditionnellement, les cloches des églises, qui avaient arrêté de sonner en signe de tristesse, carillonnaient de nouveau dans la nuit du samedi au dimanche.

Le dimanche de Pâques est jour de joie puisqu'il célèbre la résurrection du Christ.

En ce jour divin, on portait des habits ou un petit quelque chose de neuf en souvenir de la Pâque juive. Cette coutume se pratique toujours, rappelant le vêtement « éblouissant » que portait l'ange apparu, à l'aube du premier jour de la semaine, à Marie et à Marie-Madeleine, venues visiter la sépulture du Christ après le sabbat. L'ange leur dit : « Ne craignez rien vous autres. Je sais que vous cherchez Jésus, le crucifié. Il n'est plus là car il est ressuscité comme il l'avait prédit. »

Ce qui était interdit le Jour de Pâques

Dans les Vosges, il ne fallait ni chasser, ni voyager. En Touraine, une fille baptisée ce jour-là risquait de ne jamais avoir d'enfant. A Bruxelles, si un enfant grimaçait, il courait le grave danger de conserver à vie sa mimique. Dans le Morvan, il ne fallait pas filer la laine pendant les jours qui précédaient Pâques au risque de se percer les mains.

On retrouve donc dans la fête chrétienne de Pâques les deux facettes de l'ancestrale fête du printemps : tout d'abord, la pénitence, les ténèbres, les flagellations, la tristesse, puis la résurrection, l'espérance d'un renouveau de l'être humain, la célébration de la vie et de l'amour de Dieu.

A quelle date de l'année fêtons-nous Pâques ?

Les églises les plus proches de la tradition juive, notamment parmi les églises d'Asie Mineure, célébraient Pâques le même jour que les Juifs, le 14 nizan, soit la pleine lune de

Les lieux découverts à Pâques

Jean Ponce de Léon, qui accompagnait Christophe Colomb lors de son deuxième voyage vers l'Amérique, quittant Porto Rico en 1512, confondit la côte orientale de la Floride avec l'île légendaire de Bimini. Accostant le dimanche de Pâques 2 avril, il la nomma *Pascua florida*, c'est-à-dire « Pâque fleurie ». Il pensait que c'était une île, la contourna, descendit à Key West puis remonta la côte ouest de la Floride avant de mettre les voiles, cap au sud ! La Floride était baptisée.

Le 21 août 1721, l'amiral Jacob Roggeveen quitte les Pays-Bas avec trois navires armés par la Compagnie des Indes occidentales, titulaire du monopole du commerce avec les Amériques. On disait qu'il existait, dans le Pacifique Sud, un continent, une *Terra Australis Incognita* et cette recherche attira plus d'un navigateur dans l'hémisphère sud jusqu'en 1775.

Le soir du dimanche de Pâques, 5 avril 1722, les matelots hollandais aperçurent une terre inconnue qu'ils baptisèrent « île de Pâques ».

printemps. En revanche, les églises d'Occident souhaitaient célébrer Pâques un dimanche, jour de la résurrection du Christ.

En 325, l'empereur Constantin Ier, lors du concile de Nicée, décida que le jour de Pâques serait fixé au premier dimanche après la pleine lune après l'équinoxe de printemps (21 mars). Il fut précisé que, si la pleine lune coïncidait avec la fête de *Pessah*, Pâques serait célébrée le dimanche suivant, afin d'éviter que Pâques et *Pessah* ne soient fêtés le même jour.

Le calendrier Julien, réformé en 1582 par le pape Grégoire XIII, fut remplacé par le calendrier Grégorien. Cette réforme ne fut pas acceptée par les Orthodoxes et depuis cette date les églises d'Occident et l'orthodoxie célèbrent Pâques à des dates différentes.

Pâques tombera au plus tôt le 22 mars. Si la pleine lune est le 20 mars, la pleine lune suivante sera le 18 avril (29 jours après). Si ce jour est un dimanche, Pâques sera le 25 avril. Ainsi on peut fêter Pâques entre le 22 mars et le 25 avril et, de cette date, dépendront les autres fêtes mobiles.

Le temps de Pâques : proverbes

S'il fait beau à Pâques, il fera beau tous les dimanches de l'année : « A Pâques qu'il fera, toute l'année s'en rappellera ».

En Franche Comté, on dit « Pâques pluvieux, août fromenteux ».

En Angleterre, si le soleil brille à Pâques, il le fera à la Pentecôte, ce qui annonce une bonne récolte et une abondance de fruits.

Les Symboles de Pâques

Les Œufs

Les œufs symbolisent à la fois la fécondité, la vie, la douceur, l'équilibre mais aussi l'au-delà puisqu'on les retrouve dans les tombes. L'œuf incarne assez bien l'idée du passage d'un état à un autre. Par la suite, l'œuf représentera également la célébration de la résurrection du Christ.

Si la coutume de s'offrir des œufs « artificiels » (chocolat, pâte d'amande, sucre…) remonte seulement au milieu du siècle dernier, on déguste de vrais œufs décorés depuis la nuit des temps…

Les légendes de l'œuf

L'œuf est au centre de nombreuses légendes dans toutes les civilisations. En voici quelques unes…

D'après le *Kalevala*, livre sacré des Finlandais, c'est de l'œuf que naquit la monde : « Iltamara, mère de l'eau, dormait au fond de l'océan. Dans son sommeil, elle remua un de ses genoux qui sortit de l'eau tel une île. Le maître de l'air descendit du ciel

et déposa sur ce genou un œuf d'or. Ensommeillée, à peine effleurée, la déesse frémit et brisa la coquille dont tous les morceaux se transformèrent en choses bonnes et utiles. Le bas de la coquille forma le firmament sublime, le dessus de la partie jaune devint le soleil rayonnant et le dessus de la partie blanche fut au ciel, la lune brillante. »

En Inde, il est dit que Brahma se retira dans son œuf d'or, symbolisant sa relation avec le soleil et représentant la création comme un « monde privé de lumière » ainsi qu'à l'intérieur d'un grand œuf.

Delphes était considéré par les Grecs comme le centre de la Terre. L'histoire raconte comment Zeus a permis à deux aigles, l'un venant de l'est, l'autre de l'ouest, de se rencontrer et de matérialiser le centre de la Terre en laissant tomber une énorme pierre en forme d'œuf.

L'œuf et l'au-delà : la vie et la mort liées

Les archéologues ont retrouvé dans de très vieilles tombes en Ancienne et Nouvelle Grèce des œufs de pierre et d'argile. A Rome, les premiers martyrs chrétiens se feront ensevelir avec des œufs en marbre.

Une tradition chinoise veut que l'on écrase la coquille d'un œuf à la coque qu'un invité vient de consommer afin que les mauvais esprits ne le pénètrent pas. On trouve cette image de l'âme dans l'œuf au Danemark, en Allemagne, en Bohème, en Transylvanie, en Italie, au Pays Basque, en Laponie, en Kabylie…

L'œuf cuit signifie que le malheur est effacé par l'amour de Dieu. C'est pourquoi les personnes endeuillées reçoivent un œuf en signe de consolation tandis que, pour les futures mères, ce présent représente la victoire de la vie sur les douleurs de l'enfantement. Aujourd'hui encore, les Juifs donnent aux familles nécessiteuses du pain azyme et des œufs afin de vivre la Pâque. En Russie, on va au cimetière le jour de Pâques, on casse des œufs devant la tombe sur laquelle on déposera des coquilles.

Les œufs teints ou peints

Les œufs de Pâques correspondent à une tradition printanière ancestrale qui consistait à s'offrir et à déguster de vrais œufs (durs) à la coquille ornée de dessins ou peinte de couleurs vives. Le rouge était souvent utilisé pour repousser les maléfices ou pour se préserver de la fin du monde comme en Chine et en Roumanie. La couleur rouge sera ensuite reprise par le christianisme, symbolisant le sang du Christ.

En Ukraine, l'œuf est dentelé de dessins à la cire d'abeille avec une pointe fine, puis trempé ensuite dans un colorant très dilué; la cire fondue, on redessine et reteint l'œuf dans un bain plus foncé. Cette coutume nommée *Pyssanki* est un rituel sacré, accompli jour et nuit par la mère ou une vieille femme suivant un rythme de prières, alternées par des incantations magiques et des chants printaniers. D'une année sur l'autre, on conserve les œufs.

On raconte que Simon de Cyrène, qui avait aidé le Christ à porter sa croix sur le chemin du Calvaire, était marchand d'œufs et qu'après la Crucifixion, tous les œufs de ses poules auraient pris les couleurs de l'arc en ciel !

Continuons par cette belle légende représentée sur un tableau à Jérusalem, au cœur d'une église orthodoxe sur le Mont des Oliviers, où Marie-Madeleine offre un œuf rouge à l'empereur Tibère de Rome : « Marie-Madeleine était allée rendre visite à l'empereur pour lui demander de réhabiliter la mémoire de Jésus. Or il était de coutume de toujours apporter un cadeau à l'empereur quand on venait le voir. Elle était pauvre et lui apporta ce qu'elle avait : un œuf. Tibère lui dit alors : “Si tu veux que je croie, fais en sorte que cet œuf devienne rouge.”»

Peut-être peint-on les œufs au moment de Pâques depuis cette remarque impériale ? Cependant, et bien avant, les pharaons les décoraient aussi. Plus tard, les croisés ramenèrent en France cette coutume qu'ils avaient découverte chez les coptes.

Au IVᵉ siècle, Amédée de Ponthieu décrit l'interdiction de consommer des œufs durant le Carême. Celui-ci achevé, et devant leur abondance, les enfants les reçoivent peints ou décorés.

A la fin du XVᵉ siècle, en Alsace, on se met à offrir ses œufs de Pâques, suivant ainsi la coutume saxonne. Cette tradition se serait ensuite répandue dans toute l'Europe.

Des œufs d'or et d'argent

Les rois de France développent la tradition des œufs peints. Louis XV demanda à Watteau et à Lancret de décorer des œufs pour sa fille, Madame Victoire. On peut toujours les admirer au musée de Versailles. La coutume voulait que l'on offre au roi le plus gros œuf pondu pendant la semaine sainte qui, à son tour, le faisait dorer pour la Cour.

En Russie, la coutume de l'œuf de Pâques a pris tellement d'importance que des manufactures se développent. L'œuf en verre, en porcelaine, en pierre dure, en papier mâché, en ivoire, en bois, en écaille de tortue, devient à la mode. L'aristocratie demande des modèles plus élaborés en argent, en or, sertis de pierreries. On porte des œufs en pendentifs, en colliers, en bracelets. La miniaturisation prend un grand essor et la cour de l'impératrice Catherine rivalise avec celle des rois de France. Des brûle-parfum, décorés de cupidons en or, émaillés, représentent le « triomphe » au musée de l'Ermitage où l'on découvre sept œufs d'ivoire sur des montures d'émaux. Au XIXe siècle, Alexandre III donne le titre de « Fournisseur de la cour » à Carl Fabergé. Ce joaillier d'origine française reçoit la commande de quarante-six œufs ce qui lui demande trente ans de travail. Alexandre III en offrira un chaque année à son épouse, Marie Feodorowna. Leur fils Nicolas II perpétuera cette tradition. Un œuf de Fabergé représentait des centaines d'heures de labeur. Chacun contenait une surprise et commémorait un fait précis. La qualité de ce travail d'orfèvrerie illustrait l'opulence de la cour impériale.

En 1920, aux États-Unis, un riche négociant offrit à sa femme un œuf d'un mètre de circonférence qui contenait à son tour un œuf à musique !

Les Cloches de Pâques

Les cloches étaient comparées à des êtres vivants. Dotées d'une (jolie) voix, elles étaient baptisées, vivaient et ponctuaient les joies comme les douleurs, annonçaient les guerres et les tempêtes, et, disait-on, chassaient tous les maléfices.

Au VIIIe siècle, on interdit de faire sonner les cloches dans toutes les églises d'Europe et d'Orient entre le jeudi saint et samedi saint.

Le jeudi saint, les cloches sonnent à toutes volées avant de partir pour Rome d'où elles reviennent le samedi. Les uns disent qu'elles font leurs Pâques, se confessent et déjeunent avec le Pape avant de ramener des friandises aux enfants... D'autres racontent qu'elles vont chercher des rubans ou vont se marier... Elles n'empruntent pas toutes la voie des airs : certaines se font accompagner par deux vieillards (Côte d'Or), d'autres se font tirer par des chars (Nièvre). Leur retour se fait entendre dans toute la France. Les enfants sages ont toujours espéré, sur la plus haute colline, le regard rivé en direction de Rome, apercevoir le chariot fleuri, tiré par quatre chevaux blancs tellement rapides que rares sont ceux qui les ont entrevus... ou peut-être avaient-ils été trop turbulents ! En Quercy et en Mâconnais, les oreilles sont à l'écoute de la première cloche car elle protégera l'église de la grêle toute l'année. A Uchisy, pendant la messe, dès que l'on entendait les cloches, on embrassait son banc, sa chaise ou, si l'on était toujours dans les champs, on baisait la terre. Dans le Var, à Toulon, dès que les cloches sonnaient, le forgeron et le maréchal-ferrant frappaient sur de la ferraille, les enclumes, agitaient des sonnettes.

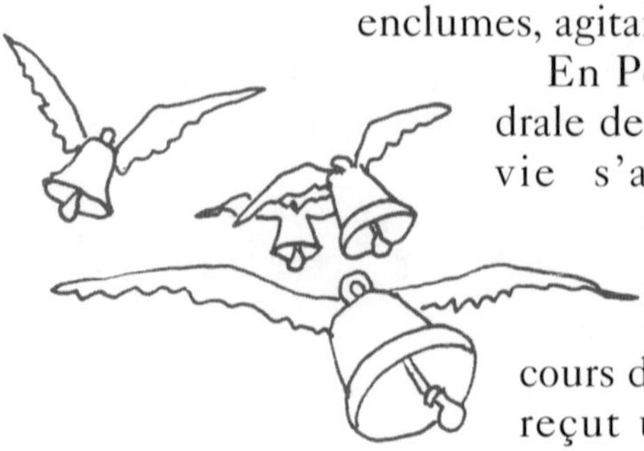

En Pologne, le carillon de la cathédrale de la place des Drapiers à Cracovie s'arrête encore aujourd'hui soudainement. La légende raconte qu'au XIVe siècle, pendant la semaine sainte, au cours d'une invasion, « le carillonneur reçut une flèche en plein cœur et depuis, en sa mémoire, le son des cloches s'arrête comme les battements de son cœur alors qu'il annonçait à la population, l'entrée des envahisseurs dans la ville ».

Pâques et les animaux

On retrouve un peu partout de nombreuses superstitions liées à Pâques et aux animaux avec des bons ou des mauvais présages.

En Russie, par exemple, les coquilles des œufs de Pâques protégeaient les troupeaux d'épidémies et éloignaient les vers ou les insectes des vergers et on dispersait des miettes de gâteaux pour protéger les vaches. En Bretagne, afin d'éviter que les rats ne mangent les cultures, il ne fallait pas travailler le lundi de Pâques.

Quand les trois Pâques (pâques fleuries, grandes pâques et pâques closes) tombaient le même mois, chèvres et brebis risquaient des maladies.

Pâques est également symbolisé par des animaux. En 1900, on avait pour habitude de s'envoyer à cette occasion des cartes postales représentant aussi bien un animal à poils ou à plumes enrubanné ou pailleté ! Selon les régions, on y découvre le renard, la poule ou le coq, la cigogne, le coq ou encore le lièvre.

Le lièvre de Pâques

Le lièvre, animal lunaire, « animal de passage », joue un rôle très important dans les pays germaniques puisque c'est lui (et non les cloches comme dans les pays latins) qui apporte les œufs de Pâques et toutes les friandises aux enfants. Les Celtes s'interdisaient de consommer sa chair.

Au moment de Pâques, les animaux en chocolat se multiplient dans les vitrines des boulangeries et des pâtisseries, et notamment les lièvres et les lapins. Dans les campagnes, on avait pour habitude autrefois de préparer des gâteaux en forme de lièvre.

On retrouve le lièvre de Pâques dans de nombreuses légendes, jeux et comptines populaires. Les enfants installaient des petits enclos pour y déposer les friandises ou fabriquaient des petits paniers décorés d'une tête de lièvre.

Une légende raconte qu'une vieille femme pauvre avait caché pour ses enfants des œufs peints dans le jardin. Ses enfants voyant courir un lapin et découvrant les œufs crurent que l'animal les avait pondus !

Soleil et Feux de Pâques

Dans de nombreux pays, on fêtait le retour du soleil autour de grands feux de joie, y brûlant l'hiver. Ces feux de Pâques symbolisaient donc la victoire de la lumière sur les ténèbres.

Dans les pays nordiques et germaniques, on se rassemblait autour d'un feu pour chanter. C'était la survivance des rites païens fêtant l'équinoxe de printemps. Les Germains l'allumaient en l'honneur de Thor qui leur apportait le printemps et recueillaient les cendres pour les répandre dans les champs.

Dans les îles britanniques, l'agneau pascal serait apparu au centre du soleil.

Dans le Poitou, le soleil et la lune dansent ou se battent à la surface d'un seau rempli d'eau. Dans l'Est de la France, on dit que « le ciel est en joie, les robes des anges tournoient, ils dansent, le soleil aussi. »

Des personnes affirmaient jusqu'au XIXe siècle que l'on voyait du sommet d'une colline le soleil danser, sauter, tournoyer et colorier le ciel en blanc, doré, rouge, violet ou vert.

Aujourd'hui encore dans de nombreuses régions, on fait un feu devant l'église le samedi de Pâques, le prêtre y allume le cierge pascal avant de célébrer son office. Cette tradition symbolise le Christ ressuscité.

L'eau de Pâques

Pour d'évidentes raisons climatiques, dans les pays européens, on se lavait moins en hiver. A la fête du printemps, se pratiquaient de nombreux rites de lavage et de purification par l'eau. La religion a adopté pendant le Carême ce symbole de l'eau dans les rites de lavement (le Christ lave les pieds des apôtres).

En Saxe, en Silésie, l'eau de Pâques guérissait les blessures ou protégeait des maladies. En Bohème, les hommes plongeaient dans l'eau d'une rivière ou d'un étang, entièrement nus pour être forts toute l'année. Dans le Lincolnshire, on remplissait un seau d'eau dont le dessus recevait les rayons du soleil levant. Si la lumière brillait à la surface, la saison serait bonne ; si elle frémissait, elle serait pluvieuse.

En Normandie, le matin de Pâques, on se lavait dans une rivière avant le lever du jour, pour conserver une peau de bébé. Le long de la Loire, on bénissait les rives le lundi de Pâques pour éloigner les crues. A Saint-Brieuc, dans les Côtes d'Armor, les poissons « parlent » le jour de Pâques, certaines personnes les ont même entendus.

Fleurs et rameaux

Au printemps, les feuilles et les fleurs réapparaissent sur les arbres, dans les jardins. C'était l'occasion de nombreuses fêtes des fleurs et de rites utilisant des rameaux d'olivier, de buis ou encore de laurier. On décorait l'intérieur des maisons avec des branches de verdure, on se parait de fleurs, on confectionnait des baguettes de bois ornées de rubans multicolores.

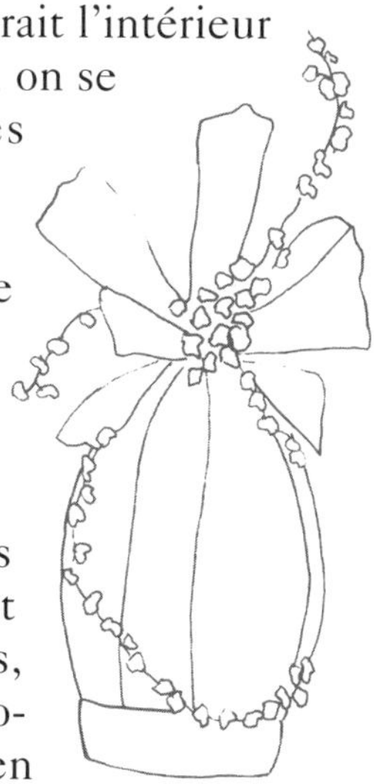

La « pomme » est traditionnellement le fruit de la fête de Pâques. On avait pour habitude d'accrocher des pommes aux feuillages disposés un peu partout dans la maison pour l'embellir.

Au VIIIe siècle avant J.-C., les Grecs fêtaient la déesse Pomone et se rendaient au temple munis de rameaux d'oliviers, décorés de tresses de laine où étaient accrochés divers fruits et pâtisseries. Au Moyen

Âge, les rameaux de buis ont petit à petit remplacé le gui de « Au gui, l'an neuf » du premier de l'an. La religion chrétienne a fait perdurer cette tradition au travers des rameaux de buis bénis que l'on conserve précieusement d'une année sur l'autre. Ces rameaux étaient autrefois liés de rubans soigneusement rangés pour soulager les foulures des poignets et mains. En Bretagne on préférait le laurier au buis. En Lorraine et en Alsace, on utilisait du houx et des branches de sapin. Dans certains pays méditerranéens et certaines régions de France, on conservait un parfum d'Orient en apportant des palmes. On confectionnait pour les enfants des petits arbustes coiffés d'une orange confite, et dont les branches croulaient sous le poids des bonbons et chocolats qu'ils avaient droit de savourer après avoir été bénis.

Activités manuelles autour du thème de Pâques

Décoration des œufs

L'œuf dessiné ou peint reste à ce jour le grand classique de Pâques. Vous serez ravis de décorer les œufs en famille et de découvrir le génie créatif, la spontanéité de chacun. Grands et petits perpétueront encore longtemps cette belle coutume des œufs de Pâques décorés. Souhaits et vœux de bonheur ne manqueront pas de se réaliser.

Comment vider les œufs ?

Vous pouvez vider les œufs si vous le désirez mais cette opération n'est pas évidente ! Percez un petit trou à chaque extrémité à l'aide d'une épingle rougie au feu puis soufflez dans l'une des extrémités au-dessus d'un bol. Rincez abondamment l'œuf vidé et laissez-le sécher en position verticale. Ensuite, la coquille étant fragile, remplissez-la de sable ou de paraffine avant de boucher les orifices avec de la cire de bougie, de la mie de pain malaxée avec de la colle à papier ou encore du mastic avec durcisseur. Laissez sécher une demi-journée puis poncez doucement au papier de verre fin. L'œuf est prêt à être teint ou peint !

Comment peindre ses œufs ?

Depuis toujours, on retrouve la tradition des œufs peints, chacun décorant son œuf avec amour. Pour conserver les plus beaux d'une année sur l'autre comme dans les pays slaves, voici quelques conseils : lavez-les bien, séchez-les et dégraissez-les avec un coton imbibé d'alcool à brûler, les couleurs auront ainsi une meilleure définition. Ensuite faites cuire vos œufs à feu doux une heure au minimum dans une eau vinaigrée. Prenez soin de déposer au fond de la casserole un torchon afin qu'ils ne se fêlent pas et laissez-les sécher.

Les colorations

Si vous voulez des colorations naturelles, il suffit de cuire les œufs dans une eau que vous porterez à ébullition avec :

- pour obtenir les jaunes, des épluchures d'oignon (dont vous ferez une décoction pendant 1 h 30) ou du safran
- pour les bruns, du thé ou du café
- pour les verts, des feuilles d'épinard

Pour obtenir des dégradés, il suffit de cuire vos œufs au préalable et de les retremper une minute dans une des décoctions chaudes décrites ci-dessus.

Le « Batik »

Matériel nécessaire
Pelures d'oignons
Sel et vinaigre
Herbes et petites fleurs
Couteau de cuisine ou ciseaux
Bas nylon ou tissage de lin fin
Fil à coudre

Selon la tradition roumaine, appliquez sur l'œuf des feuilles ou fines herbes en coupant au préalable les tiges. Maintenez le tout serré dans un bas nylon noué ou cousu sur les côtés. Faites ensuite durcir dans l'une des teintes décrites précédemment. En retirant le bas ou le linge, feuilles ou herbes se détacheront clairement sur un œuf aux teintes foncées. Et le tour est joué…

Effets décoratifs

Matériel nécessaire pour 12 œufs
Colle à papier d'écolier
1 petit pot de paillettes argentées ou dorées
1 m de croquet doré
1 m de galon de paillettes rondes dorées
2 pots de vermicelles colorés
Gommettes adhésives de couleurs
Stylos-feutres
Encre de Chine
Tubes de gouache.
Pinceaux

Pour les différentes opérations qui vont suivre, il est conseillé de poser son œuf sur un coquetier, de décorer une moitié et de la laisser sécher avant de commencer l'autre.

Les gommettes adhésives
Composez votre motif en collant les pastilles sur l'œuf. Vous pouvez soit laisser les pastilles, soit suivre le même procédé que pour le batik, en faisant cuire vos œufs dans une décoction et en retirant ensuite les gommettes. Recommencez l'opération si vous désirez obtenir des dégradés.

Le croquet doré ou le galon de paillettes rondes dorées
Dessinez sur l'œuf votre motif avec un pinceau trempé dans la colle, posez ensuite le galon qui donnera tout de suite un look à la Fabergé, comme sur le dessin. Avec du croquet doré, regardez le résultat sur la photo page 40 avec l'œuf rouge et noir.

Les paillettes
Ce décor réjouit les enfants ! Dans une assiette, déposez la colle en la passant au pinceau en totalité sur l'œuf ou en dessinant des lignes. Recouvrez de paillettes les parties de l'œuf encollées.

Sur la photo page 37, l'enfant colle avec application des paillettes couleur rubis.

Les vermicelles de couleurs
C'est le délire des enfants qui roulent joyeusement leurs œufs d'abord dans la colle ensuite dans les vermicelles. Fignolez les manques éventuels au pinceau ou au doigt, garni de colle et de vermicelles. Posez ce chef d'œuvre doucement sur un coquetier afin de le laisser bien sécher, toujours moitié par moitié. Le jour de pâques, certains se laisseront prendre à le confondre avec un œuf en sucre... comme vous pouvez le voir sur la photo de la page 61.

« Graines d'Œuf »
Suivez les mêmes indications que pour l'œuf recouvert de vermicelles, en les remplaçant par des graines, feuilles de thé, des baies roses de la Réunion...

Composez votre dessin en fonction des éléments choisis.

Stylos feutres, pinceaux, encres de Chine, gouache
Ces techniques laissent place à une plus grande liberté d'expression artistique comme vous pouvez le constater sur les photos pages 37, 39 et 40 ! Colorez entièrement votre œuf avec une encre de Chine, laissez-le sécher puis dessinez vos motifs en grattant à l'aide d'une fine pointe de couteau.

En Bohème, on teinte l'œuf en premier puis on le dessine par grattage à l'aide d'une pointe dure et fine. Ce procédé demande beaucoup de patience aux jeunes filles qui inscrivent la date et leurs souhaits au milieu du dessin.

Voici quelques modèles :

De simples œufs peuvent se transformer en véritables objets d'art sous le pinceau. Ici deux œufs peints par Thierry Kedinger. A la manière des icônes russes et de l'art traditionnel roumain, la fête de Pâques peut prendre une dimension toute slave.

La forme parfaite de l'œuf s'adapte à toutes les inspirations. Jennifer Law s'intéresse bien sûr aux fleurs, symboles du printemps et donc de Pâques, mais excelle aussi dans la symbolique orthodoxe ou hindouiste.

Gilbert Timsit et sa fille Caroline se passionnent pour l'œuf, sous toutes ses formes. De l'œuf sculpté de Gilbert à l'œuf enrichi de pierres et d'or à la manière de Carl Fabergé de Caroline, il donne toute la dimension de la perfection de ses courbes.

En chinant dans les brocantes ou les vide-greniers, vous pourrez peut-être dénicher ce genre de carte que nos aïeules avaient coutume de s'envoyer. Sinon, utilisez nos modèles pages 53 et 54 ou inventez-en d'autres !

Gouache dorée ou argentée, encre de chine, stylos-feutres ou même paillettes… Toutes les techniques sont possibles pour décorer les œufs. Et toutes les inspirations aussi : motifs géométriques, styles figuratif ou abstrait, c'est selon le goût de chacun.

Si le temps le permet, et si vous disposez d'un jardin, c'est un bel avant-goût de printemps que de peindre dehors. Sans compter que cela facilite le travail des adultes encadrant les activités…

Œufs peints ou œufs en sucre, tous sont appétissants. Une fois la chasse dans le jardin terminée, on pourra offrir ceux que l'on a faits et déguster les autres…

Une pyramide d'idées chamarrées…
Du noir et blanc, très chic en toutes circonstances et donc aussi à Pâques !

Œuf déguisés

Matériel nécessaire
Mastic époxy (1 barre noire + 1 blanche)
Bristol
Papiers de couleurs
Papier crépon
Feutres
Gouache
Rubans de papier cadeaux

Mélangez à quantité égale et malaxez les deux barres d'époxy. Collez avec cette « pâte » sur votre œuf les éléments que vous adaptez sur la coquille. Vous pouvez confectionner pour vos œufs déguisés des cheveux avec des rubans de couleurs pour cadeaux ou des petits chapeaux en papier crépon. Si vous êtes à court d'idées, voici deux modèles : la petite indienne et le chinois à moustaches.
Pour l'indienne, découpez sur du bristol les nattes et le bandeau. Peignez à la gouache ou dessinez au feutre le reste du visage. Fabriquez un petit support en bristol.

Pour le chinois à moustaches, découpez, coloriez en noir et collez sur l'œuf les cheveux (enfin ce qu'il en reste) et les moustaches. Dessinez la bouche et les yeux directement sur l'œuf.

Bougies de Pâques

Matériel pour 1 bougie
1 œuf
Papier de verre fin
Vernis
Brins de coton
Paraffine

Si l'envie vous prend de travailler les œufs en dentelle, essayez sur un œuf à la coque que vous aurez rincé abondamment. Frottez les bords au papier de verre fin, durcissez-les avec du vernis. Collez un croquet doré fin tout autour. Posez au centre une mèche tressée de trois brins de coton. Coulez de la paraffine dans l'œuf. Vous obtiendrez de jolies bougies de Pâques.

« Les œufs de la famille Timsit »

Et si vous avez beaucoup de patience et de talent, vous pouvez vous inspirer du travail de la famille Timsit à Nice. Gilbert Timsit travaille les œufs et les transforme en dentelle. Séduit, il y a dix ans en Californie par une rosace sculptée dans une coquille d'autruche, épris des courbes parfaites de l'œuf, il découvrait sa nouvelle vocation. Malgré de nombreux échecs, il améliore sa technique à l'aide de fraises dentaires pour dessiner ses dentelles sur œufs. Sa fille, Caroline, capitonne les coquilles et inclut des pierreries ou des miniatures. Les œufs, chez les Timsit, fêtent le printemps en dentelle, en soie, en satin broché. Un souvenir de la Russie tsariste à la Fabergé à admirer page 35.

Des bricolages rigolos

Les oeufs-surprises

Matériel
Ballons de baudruche
Bandes plâtrées
Peinture acrylique
Vernis

Gonflez des ballons de différentes tailles et recouvrez-les de bandes plâtrées. Laissez sécher les bandes.

Si vous découpez les œufs dans la largeur, vous obtiendrez une boîte simple *(œufs jaune et rouge sur la photo page 58).*
En découpant la structure plâtrée avec un couteau, vous pouvez réaliser de superbes œufs surprises ajourés *(œuf bleu sur la photo).*
Enfin, en creusant l'intérieur de l'œuf, vous confectionnerez d'adorables « nids à bonbons » ou des petites tanières pour les (tout) petits lapins *(œuf vert avec lapin sur la photo).*

Attention, lorsque vous coupez ou sculptez votre œuf-surprise, le ballon de baudruche qui se trouve à l'intérieur et qui vous a servi à donner la forme de votre œuf va exploser...
Peignez vos créations avec de la peinture acrylique (et surtout pas de la peinture à l'eau).

La poule pondeuse

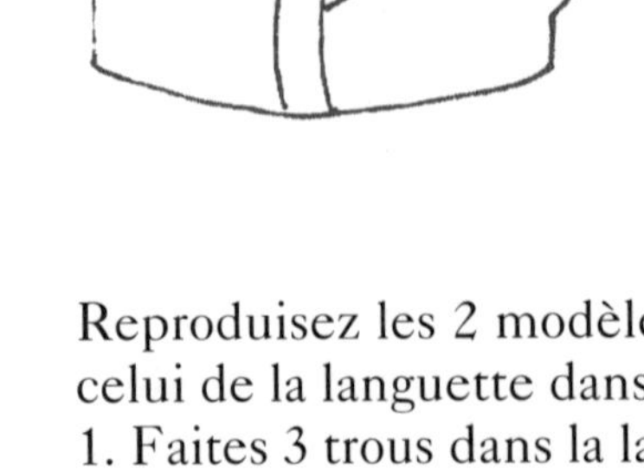

Matériel
Papier calque
Carton ondulé
1 tube de pastilles de chocolat
2 gommes
1 élastique d'environ 10 cm de long
2 bâtons de sucettes
2 petites boîtes d'allumettes
Des petits œufs de Pâques
Ficelle fine
Sparadrap
Colle

Reproduisez les 2 modèles de poules sur du carton ondulé et celui de la languette dans du carton fin.
1. Faites 3 trous dans la languette.
2. Enlevez le fond du tube de pastilles. Attachez la ficelle sur le trou du haut. Passez l'élastique dans les 2 autres trous.

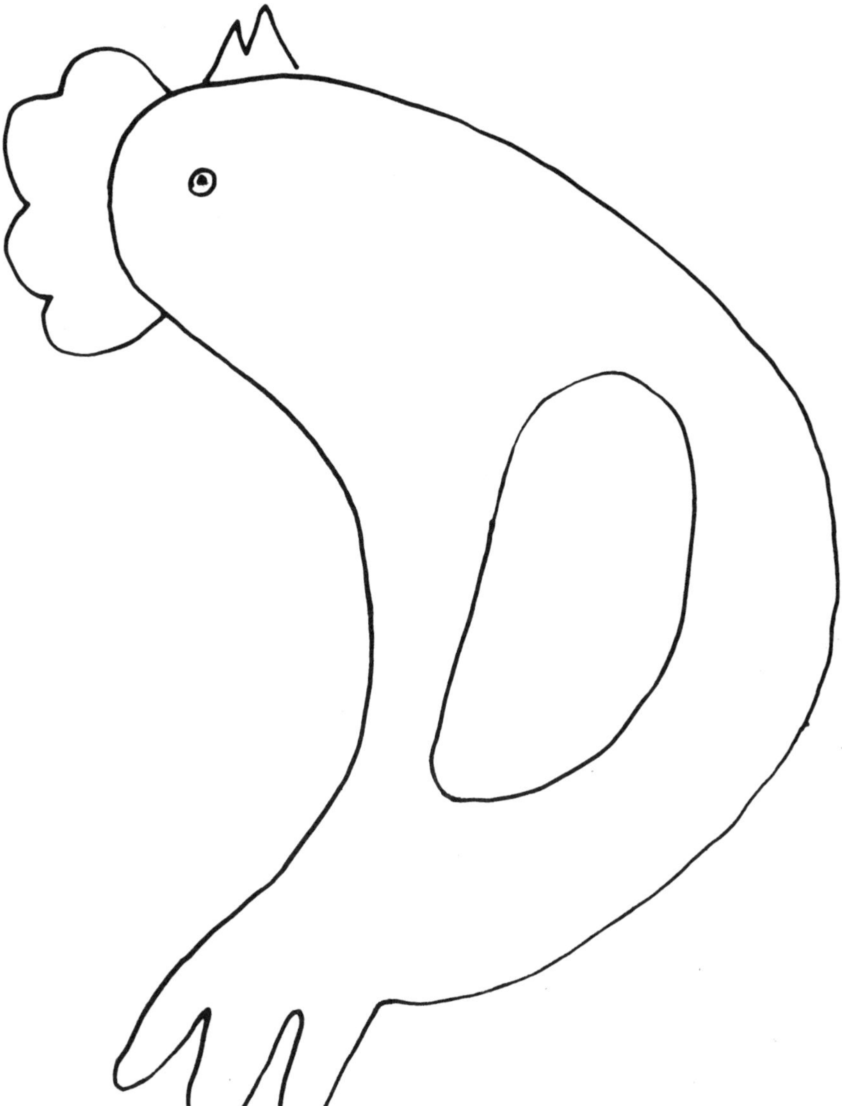

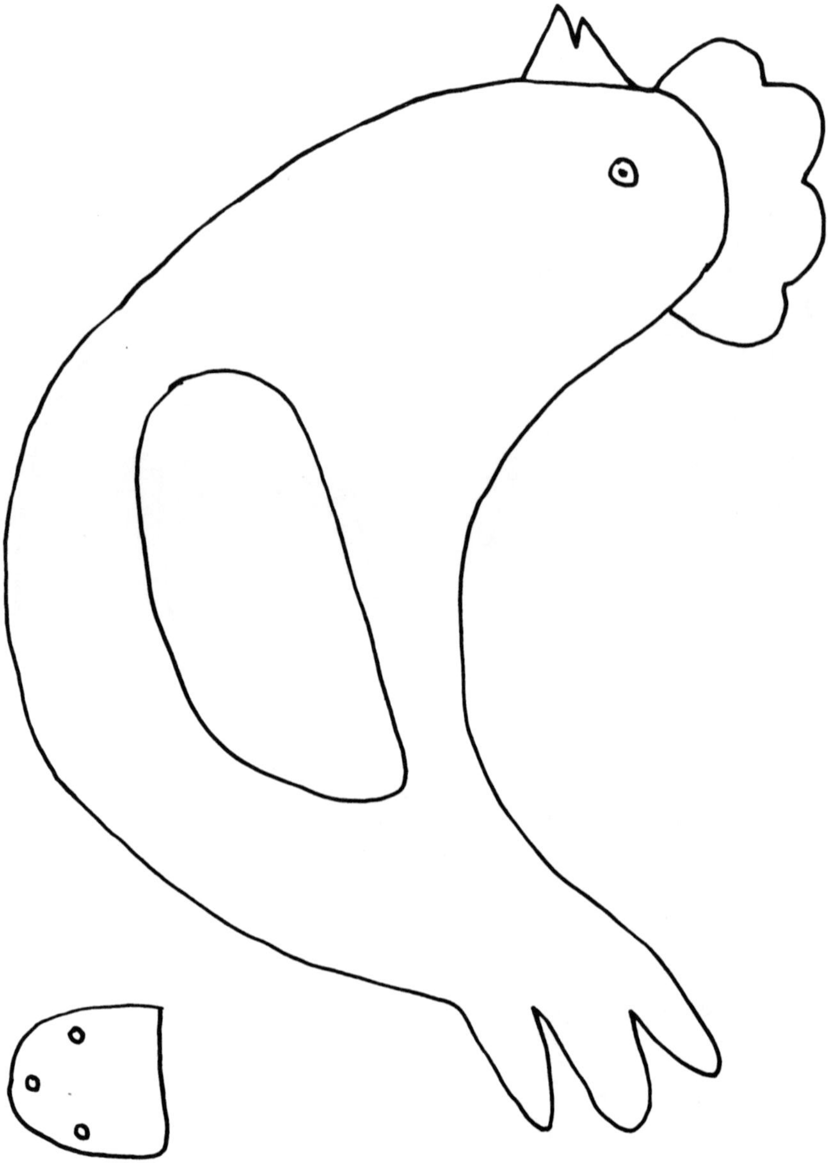

3. Fixez l'élastique et la languette sur le tube à l'aide du sparadrap.
4. Collez les boîtes d'allumettes sur un des modèles de poule de chaque côté du tube. Collez l'autre modèle de poule.
5. Enfilez les bâtons de sucettes dans les rainures du carton ondulé. Fixez les gommes à l'autre bout.
6. Remplissez le tube avec les œufs de Pâques. Faites pondre votre poule en tirant doucement sur la ficelle.

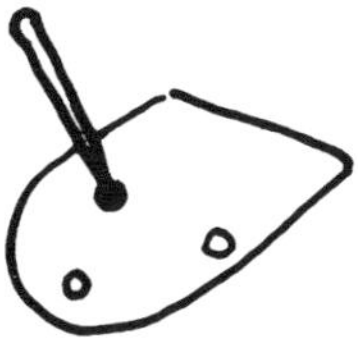

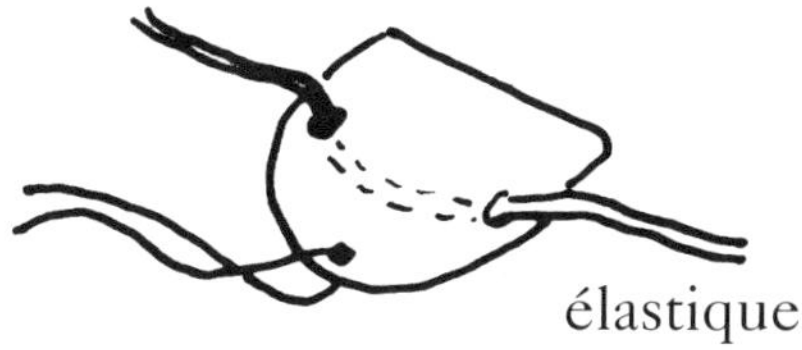

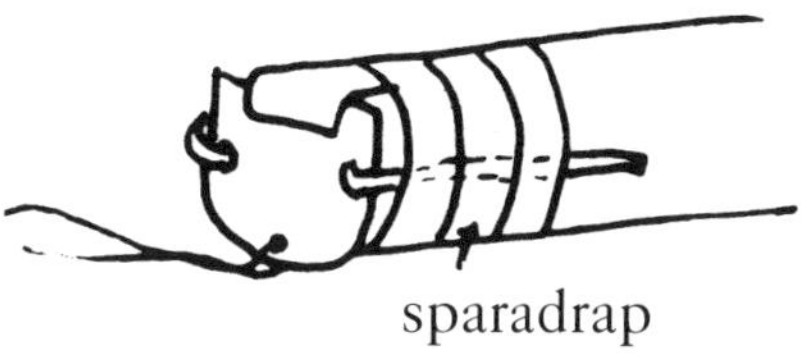

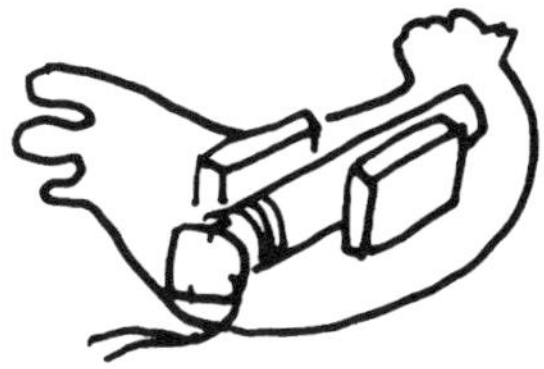

Petits paniers de Pâques

Matériel
Papier cartonné vert et blanc
Attaches parisiennes
Coquilles d'oeufs
Peinture acrylique
Vernis
Colle liquide

Découpez un carré de 20 cm de côté dans le papier cartonné vert. Faites 4 incisions de 5 cm le long des lignes noires.
Pliez le carton le long des lignes en pointillés de manière à obtenir une corbeille et collez les bords.
Découpez une bande de 3 x 20 cm dans le papier cartonné vert. Attachez l'anse de chaque côté du panier avec des attaches parisiennes.
Reproduisez et découpez un des modèles dans le papier blanc. Cassez la coquille d'oeuf en petits morceaux. Collez-les sur toute la surface du modèle comme pour une mosaïque. Peignez à la peinture acrylique puis vernissez. Une fois sec, collez sur la largeur du panier.

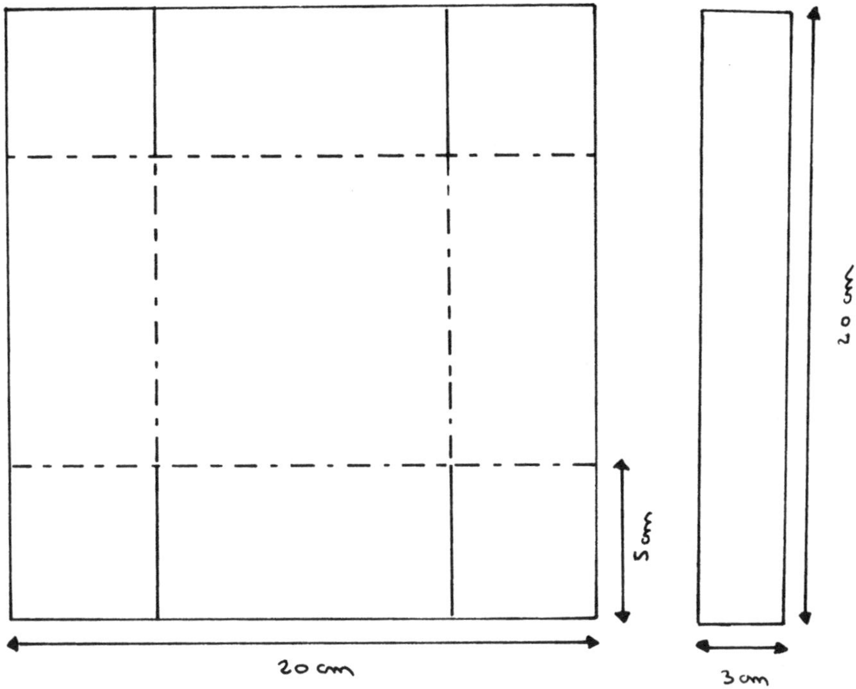
20 cm
5 cm
3 cm
20 cm

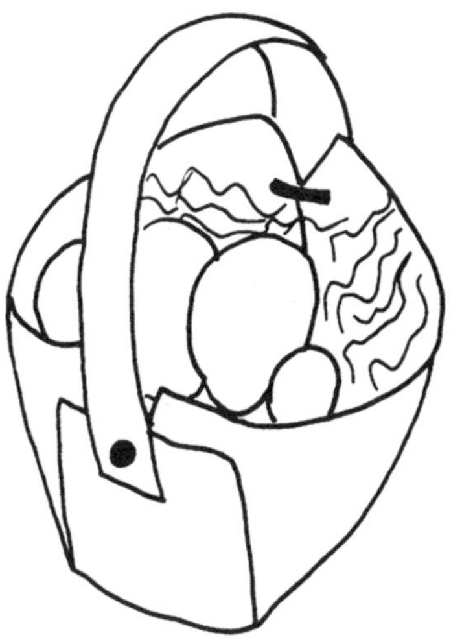

Idées pour décorer la maison

Les cloches : à vos ciseaux !

Matériel nécessaire
Bristol
Ciseaux à bouts ronds
Gouache

Suivant le dessin, découpez les cloches sur le bristol peint ou non et décorez l'entrée de la maison. Les enfants se feront une joie de faire ces découpages.

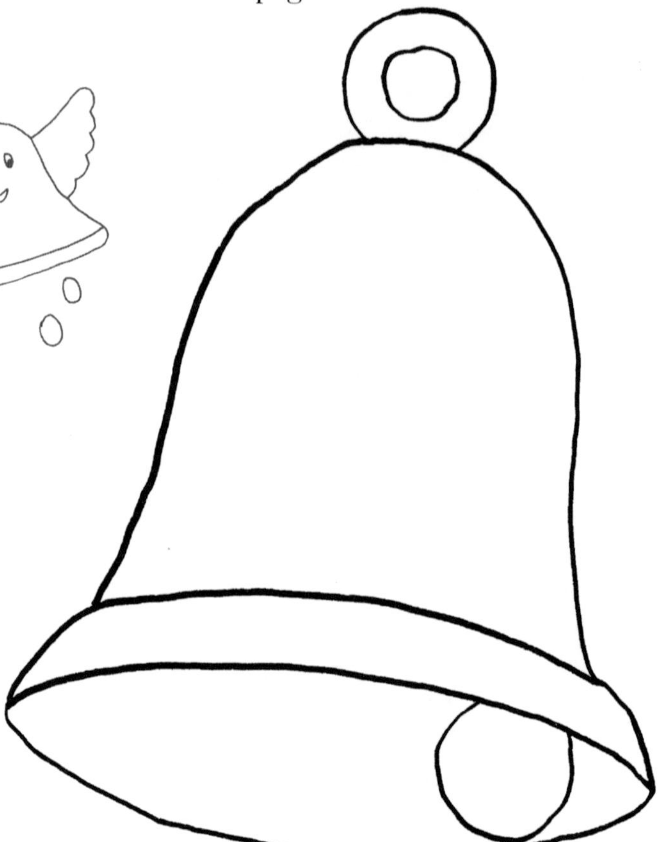

Cartes à envoyer

Recevoir du courrier est toujours un plaisir. Si vous les envoyez suffisamment tôt, à n'en pas douter, la famille et les amis vous enverront aussi des vœux de «Joyeuses Pâques ». Vous pouvez découper la cloche de l'activité précédente et écrire votre texte au verso ou choisir parmi les deux modèles suivants.

Un lapin de Pâques à la fenêtre

Matériel
Carton jaune et beige
Fil jaune

Reproduisez l'œuf sur du carton jaune et le lapin sur le beige. Évidez l'œuf. Percez un petit trou dans le haut de l'œuf et fixez le lapin à l'aide du fil. Peignez l'œuf et le tee-shirt du lapin pour donner une touche personnelle à votre décor de fenêtre.

Frise de Pâques

Matériel
Carton
Peinture acrylique
Raphia

Peignez votre décor à la peinture acrylique sur le carton puis découpez-le. Complétez en collant des brins de raphia pour faire les moustaches des lapins. Si votre frise est assez longue, vous pourrez la plier en accordéon et en faire un décor de table ou de cheminée.

Coquetiers

Matériel
Coquetier en bois
Peinture acrylique
Vernis

Peignez le coquetier avec la peinture acrylique. Vernissez-le une fois la peinture sèche.

Pour décorer votre frise de Pâques et vos coquetiers, inspirez-vous des réalisations page suivante.

Madame coquetier rend visite
à ses amis lapins.
Ce n'est pas parce que
les activités sont terminées
juste avant la fête qu'on ne peut
pas jouer avec...

Les ballons de baudruche vous permettront de créer des oeufs-surprises très simples et faciles à réaliser ou très sophistiqués. Tout ceci vous est expliqué page 45.

Le matin de Pâques, les enfants découvrent les surprises. Pour ceux qui ont la chance d'avoir un jardin ou qui peuvent se promener à la campagne, ils pourront cueillir les fleurs qui viendront décorer la table du repas familial.

Les présentoirs à œufs en fil de fer trouvent le jour de Pâques une place privilégiée sur la table. Ils permettent de mettre en valeur les œufs décorés par les petits et les grands. Vous pouvez décorer aussi le présentoir de quelques branches de lierre.

Sur une jolie nappe de couleur neutre, posez tous les œufs au centre de la table.

Une idée de décoration à mi-chemin entre l'esthétique et la gourmandise : l'œuf décoré de vermicelles de pâtisserie. Si vous décorez un œuf en sucre ou en chocolat, veillez bien à utiliser une colle alimentaire : le blanc d'œuf, bien sûr.

Les œufs fourrés au chocolat feront un excellent goûter pour les enfants. On peut les décorer de mimosas ou de violettes en sucre.
La recette, facile à exécuter par les enfants, se trouve page 72.

Le Karoly, gâteau au chocolat et aux amandes, peut se décorer de mille façons et de mille couleurs. Suivez pas à pas sa recette page 73.

Joie de l'activité manuelle et plaisir de déguster : ces petits lapins, décorés aux feutres et papiers de couleur découpés, cachent une délicieuse surprise. Découvrez le mystère page 74.

Le nid doré a deux avantages : en plus d'être un gâteau succulent, il permet toutes les fantaisies décoratives. Vous pouvez même le décorer avec de vraies fleurs comestibles : violettes, capucines… Allez vite voir la recette page 76.

Et si on s'amusait?

« Les cloches sont passées... »

Dans le jardin ou l'appartement, les cloches déposent des gourmandises à tous les enfants s'ils ont été bien sages. Chacun se fera un plaisir de les chercher avant le repas. Connaissant les cachettes, vous pouvez les aider en leur disant : « C'est chaud, froid... »

Des œufs et des jeux

La fête de Pâques est une bonne occasion de manifester son adresse en famille dans le rire. Il existe notamment de nombreux jeux utilisant des œufs. En voici quelques uns... Allez y... Faites vos œufs...

La bataille des œufs
En pratique, choisissez des œufs frais. Se transformant très vite par les pleurs des tout petits, la bataille des œufs a été remplacée par la choquée et la toquée, moins virulentes et... moins salissantes !

Le jet d'œufs en l'air

Après le signal de départ, il s'agit de lancer l'œuf « dur » le plus haut possible et de le récupérer avant qu'il ne s'écrase. Le malheureux perdant devra manger celui de son partenaire.

La choquée

Chacun au début du repas pascal prend un œuf dur et essaie de casser la coquille de l'œuf de son voisin, celui qui le conservera intact a gagné. Autrefois, la choquée n'avait lieu qu'entre œufs de même couleur. On poursuit cette tradition en Europe, Russie, Écosse et Grèce.

La roulée

La « roulée » se pratique comme un jeu de billes remplacées par les œufs. On la jouait en France, en Suisse, en Allemagne, en Hollande, et aux États-Unis avec le *Egg Rolling* institué par la femme du président James Madison au début du XIXe siècle. Depuis cette époque, la première dame invite chaque année les enfants à chercher les œufs dans les jardins de la Maison

Allez les couleurs

Préparez avec les enfants la veille les œufs de deux couleurs distinctes. Cachez les œufs cuits refroidis dans la maison (car à l'extérieur, si la pluie survient, les couleurs pâlissent). Deux équipes d'enfants tirées au sort choisiront leur couleur. Dans un temps limité, les équipes doivent collecter le maximum d'œufs de leur couleur. L'équipe ayant ramassé le plus grand nombre sera évidemment récompensée en friandises.

Blanche et à jouer sur le gazon. Celui qui conserve toujours son œuf intact a gagné.

Courses à l'œuf

Originaire de Bohème, la course à l'œuf dans la cuillère garantit des fous rires et veut que le maladroit mange les œufs des autres. Attachez vos pieds, mettez-vous sur la ligne de départ, les bras tendus, une cuillère à soupe chargée d'un œuf dur dans chaque main. Top, c'est parti. Les concurrents doivent par petits bonds arriver à la ligne d'arrivée avant que ne soit prononcée la fin du jeu. Le gagnant sera celui qui arrivera avec ses deux œufs intacts dans les cuillères.

Dans certaines régions de France, on pousse les œufs à l'aide d'une cuillère : attention aux sciatiques, mais les enfants s'amuseront comme des petits fous !

« La danse des œufs »

Disposez sur le sol de l'appartement ou mieux dans le jardin 5 œufs durs et formez les couples de danseurs. Après avoir choisi leur musique préférée, ils devront accomplir une danse (traditionnelle ou non) autour des œufs sans les briser. Attention à la casse !

En 1498, Marguerite d'Autriche et Philibert Le Beau de Savoie demandèrent que l'on éparpille pour leur mariage 100 œufs sur le sable. Deux couples devaient se tenir la main et danser sans les casser. Cette coutume dura un bref moment car il était permis aux fiancés de se marier dans l'année, sans tenir compte du désaccord de leurs parents, s'ils avaient réussi cette danse par trois fois, sans casser d'œufs !

Sans les mains

Il s'agit d'attraper un œuf dur enfoui dans une assiette emplie de farine les mains derrière le dos. Le fou rire est inévitable.

Sans farine, toujours les mains derrière le dos, on peut aussi mordre un œuf, en préservant sa coquille, mais en essayant de casser celle de son voisin. Le gagnant sera celui qui aura sa coquille indemne.

Une pluie d'œufs

Ce jeu est particulièrement adapté pour les 3-4 ans. Préparez un sac empli de petits œufs en sucre et versez-les en pluie sur les jeunes concurrents. Le vainqueur sera celui qui aura rattrapé les plus d'œufs dans sa main... et non dans sa bouche!

Le repas de Pâques

Idées pour dresser la table de Pâques

Une belle nappe blanche, des assiettes impeccables, des dominantes vertes seront à l'honneur. Des petits pains posés en milieu de table alternés de bouquets printaniers suivant la saison : coucous, anémones pulsatilles (photo page 59)... En son milieu, vous disposerez un plateau dans lequel vous présenterez les œufs peints de chacun, mélangés à des petits œufs en sucre sur un petit nid de coton ou encore mieux un vrai nid, trouvé par hasard. Vous pouvez aussi exposer vos œuvres sur un ramasse œufs en fil de fer comme sur la photo de la page 60. Quelques poissons, poules, cloches en chocolat éveilleront l'attention gourmande des enfants.

Vous pouvez comme le veut la tradition roumaine décorer votre maison de verdures, branches symbolisant les fleurs qui sont encore cachées sous la neige.

Traditions d'hier et d'aujourd'hui du repas de Pâques

Le pain de Pâques

Le jour de Pâques, le pain était plus blanc que d'habitude. En Saône et Loire, on cuisait des petits pains à l'anis sans levain sur lesquels la maîtresse de maison traçait des croix, des triangles ou des ronds. En Alsace, les « vêques » ou petites miches rondes décoraient la table de Pâques.

Le samedi soir, les Roumains vont à la messe avec un panier dans lequel on trouve un pain aux raisins et fromage de vache. Le dessus est décoré avant la cuisson, d'étoiles, de tresses. Une autre coutume roumaine consiste à cuire un pain avec levain, des oignons et des choux hachés finement.

Les Œufs

Il était autrefois interdit de consommer les œufs durant le carême. On se rattrapait le jour de Pâques. De plus, Pâques est la meilleure période pour la ponte des poules !

Manger des œufs le jour de Pâques, avant toute autre nourriture, purifiait le corps, présageait une heureuse année et donnait une bonne santé. Déguster, le matin de Pâques, un œuf pondu le vendredi saint vous écarte de toutes maladies et accidents. En Franche Comté, les hommes se réservaient les œufs du vendredi saint et les femmes, ceux du mercredi saint.

Viandes et Poissons

En général, un morceau de mouton ou une autre viande composera le plat de Pâques. L'agneau pascal est choisi par une majorité de Français sous forme de gigot.

Gigot rôti à la moutarde

Pour 8 personnes : 1 gigot d'agneau de 2 kg environ, 1 gousse d'ail haché, 3 branches de basilic frais ou 1 cuillère à café de basilic déshydraté, 1/2 cuillère à café de sel, 1/2 cuillère à café de poivre concassé, 4 cuillères à soupe de moutarde, 30 g de beurre ramolli, 20 cl de bouillon de bœuf.

Malaxez ail, basilic, sel, poivre, moutarde et beurre. Enduisez le gigot de ce mélange et laissez reposer 2 heures à température ambiante. Chauffez le four à 180° (thermostat 6), enfournez le gigot dans un plat beurré et faites cuire 15 à 20 mn par livre. Sortez le gigot et gardez-le au chaud. Déglacez le plat avec le bouillon de bœuf et laissez réduire. Servez chaud.

Pour l'occasion, on pourra manger aussi du poisson et notamment la brandade de morue. Au Moyen Âge, à Pâques, on mangeait des huîtres frites à l'huile avec des oignons et du gingembre que l'on nommait « huîtres en civet ». Aucun rapport avec le civet de lièvre car le « civet » est un petit oignon et, dans le Midi, on peut acheter encore aujourd'hui des « civettes ».

La brandade de morue du Vendredi Saint

Pour 6 personnes : 900 g de morue, 3 pommes de terre, 2 verres d'huile d'olive, 1 verre de lait, 4 gousses d'ail, 1 citron, 1 noix de beurre, 1 cuillère à soupe de vinaigre, 1 petit bouquet de persil, thym, laurier.

Faites dessaler le poisson pendant 24 heures dans de l'eau froide. Remplissez une casserole d'eau légèrement vinaigrée avec du thym et du laurier. Laissez frémir 7 à 8 mn puis mettez de côté. Pendant ce temps, faites cuire à l'eau les pommes de terre avec leurs peaux, puis épluchez-les et écrasez-les en purée. Égouttez la morue, émiettez-la en prenant soin de retirer les arêtes. Travaillez à la cuillère de bois le poisson dans un saladier avec un filet d'huile d'olive. Incorporez petit à petit le lait puis la purée de pommes de terre. Enfin, ajoutez l'ail pilé. Malaxez le tout afin d'obtenir un mélange homogène. Poivrez. Réchauffez la brandade au bain-marie dans une casserole, ajoutez le jus d'un demi-citron et un peu de persil haché. Servez chaud et accompagnez votre brandade d'un petit Bandol blanc frais. Secret du chef : juste avant de servir, incorporez dans la brandade une cuillère de crème fraîche.

Les desserts de Pâques

Œufs fourrés au chocolat

Pour 6 œufs : 12 demi-coquilles en chocolat (noir ou blanc) de 7,5 cm de hauteur environ, 2 œufs, 150 g de chocolat riche en cacao, 75 g de beurre, 50 g de sucre glace, 1 cuillère à café d'extrait de vanille

Mettez le chocolat cassé en petits morceaux avec 3 cuillères à soupe d'eau. Placez ce bol sur une casserole contenant de l'eau chaude, à peine bouillante et laissez fondre le chocolat pendant 10 mm sans y toucher. Retirez ensuite le bol du bain-marie, laissez tiédir et remuez pour obtenir une crème bien lisse. Travaillez le beurre avec une cuillère en bois pour le rendre crémeux, sans le faire fondre. Ajoutez au beurre le sucre glace, en mélangeant. Ajoutez ensuite les jaunes d'œufs et l'extrait de vanille. Incorporez à ce mélange le chocolat refroidi. Battez les blancs en neige puis mêlez-les à la pâte en enrobant délicatement. Mettez votre préparation pendant 15 mn au réfrigérateur pour la rendre plus ferme. Répartissez cette crème (qui ne doit pas être coulante) dans les demi-coquilles en égalisant la surface avec la lame d'un couteau. Reformez les œufs et posez-les sur des coquetiers qui peuvent être décorés, puis mettez-les au frais jusqu'au moment de servir. Régalez-vous avec les yeux pour commencer, page 62

Vous pouvez réaliser cette recette avec des œufs en praliné ou en nougat.

Karoly

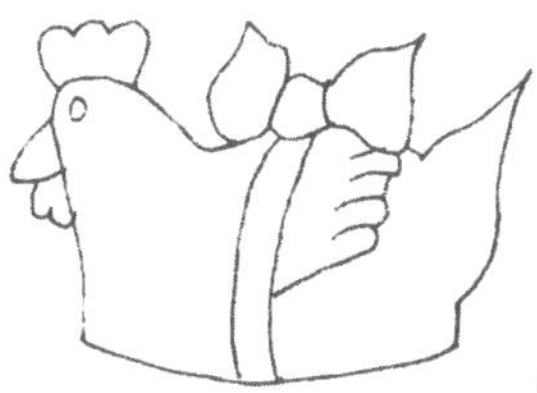

Pour 12 personnes : 125 g de sucre en poudre, 8 œufs, 250 g de chocolat riche en cacao, 1/4 l d'eau, 125 g de poudre d'amandes, 100 g de farine
Pour le glaçage : 125 g de chocolat riche en cacao, 3 cuillères à soupe d'eau, 2 cuillères à soupe de crème fraîche.

Travaillez le beurre à la spatule pour le rendre crémeux. Ajoutez le sucre en poudre et mélangez longuement pour obtenir une préparation très onctueuse. Ajoutez les jaunes d'œufs, un par un, à votre préparation. Faites fondre à feu doux le chocolat dans l'eau puis incorporez-le petit à petit dans la pâte qui doit devenir très mousseuse. Ajoutez alors la farine et la poudre d'amandes. Battez ensuite les blancs d'œufs en neige et incorporez-les délicatement au mélange. Beurrez un moule à manqué (moule rond à bords élevés). Couvrez le fond de papier sulfurisé, ce type de gâteau étant parfois difficile à démouler. Versez-y la pâte et faites cuire à feu doux le gâteau pendant 40 mn à 150 ° (thermostat 4 ou 5). Attention à la cuisson : votre gâteau doit rester moelleux au centre. Piquez à l'aide d'un couteau. Vous pouvez vérifier que la pâte laisse une empreinte. Laissez refroidir avant de démouler, ôtez le papier sulfurisé. Préparez ensuite le glaçage au chocolat : cassez le chocolat en morceaux, faites-le fondre au bain-marie avec très peu d'eau. Sans jamais remuer le chocolat, assurez-vous bien avec la pointe d'un couteau que chaque morceau est bien mou. Ajoutez la crème fraîche, puis remuez. Il se forme immédiatement une pâte brillante et semi-fluide. Versez-la au centre du gâteau puis, à l'aide d'une spatule métallique ou d'un couteau à large lame, étalez uniformément votre glaçage au chocolat sur le dessus et les bords du gâteau. Laissez refroidir et décorez ensuite ce délicieux gâteau au chocolat avec des amandes effilées, des pastilles multicolores (type « smarties ») comme sur la photo page 63, des petits œufs de Pâques à la liqueur.

Petits lapins

Pour 12 lapins : 48 biscuits de Reims roses, 250 g de beurre, 200 g de sucre glace, 4 jaunes d'œuf, 8 cuillères à soupe de lait, 2 cuillères à café de vanille liquide, 12 coquilles d'œufs vides

Videz les coquilles d'œufs : avec des petits ciseaux pointus, découpez du côté arrondi de l'œuf une rondelle de 2 cm environ et secouez l'œuf au-dessus d'un bol. Lavez les coquilles vides.

Cassez les biscuits roses en morceaux. Mettez-les dans un sac en plastique neuf et réduisez-les en poudre avec un rouleau à pâtisserie. Travaillez le beurre ramolli dans une terrine, à l'aide d'une cuillère en bois, pour le rendre très crémeux. Ajoutez le sucre et remuez. Puis incorporez les jaunes d'œufs, le lait et la vanille. Versez la poudre de biscuits roses et mélangez. Mettez cette crème épaisse dans une poche munie d'une douille d'1 cm, remplissez les coquilles vides et mettez-les au frais.

Confectionnez ensuite les têtes des lapins. Découpez les oreilles, les yeux, le nez, les moustaches, les dents et le socle dans du papier canson de couleur, puis assemblez le tout sur l'œuf avec une pointe de colle. Découvrez-les page 64.

Brioches pascales

Pour 6 personnes : 6 brioches individuelles à tête ronde, 1 boîte de petites langues de chat, 100 g d'œufs à la liqueur, quelques morceaux d'angélique, sucre cristallisé.

Faites une fente verticale sur la tête de chaque brioche, enfoncez-y les langues de chat qui formeront les oreilles. Avec les œufs de Pâques, faites les yeux et le nez. Découpez des moustaches en angélique. Disposez les brioches sur un parterre de sucre glace cristallisé décoré de fleurettes en œufs à la liqueur.

Petits poissons

Pour 18 poissons environ : 1 œuf, 1 pincée de sel, 125 g de sucre, 250 g de farine, 125 g de beurre, 1/2 pot de gelée de groseilles, 100 g de sucre glace

Préparez une pâte sablée : travaillez l'œuf entier et le sucre. Ajoutez la farine en bloc. Effritez le mélange du bout des doigts jusqu'à ce qu'il prenne l'aspect granuleux du sable. Amalgamez le tout à la main avec le beurre. Pétrissez jusqu'à ce que la pâte ne colle plus aux doigts. Laissez le pâton se raffermir un peu au réfrigérateur, puis étalez-le au rouleau sur 4 à 5 mm d'épaisseur. Découpez des poissons à l'aide d'un couteau pointu, en tournant autour d'une forme en carton. Dans une forme sur deux, évidez la place de l'œil du poisson et dessinez les écailles. Faites cuire pendant 15 à 18 mn sur une tôle beurrée à 150 ° (thermostat 4 ou 5). Laissez complètement refroidir sur une grille. Recouvrez de confiture toutes les formes pleines. Poudrez de sucre glace toutes les formes évidées. Assemblez les formes deux à deux.

Nid doré

Pour 8 à 10 personnes : 250 g de beurre, 200 g de sucre, 4 œufs, 250 g de farine, 1/2 sachet de levure chimique, le zeste et le jus d'une grosse orange non traitée
Pour le glaçage et la décoration : 200 g de sucre glace, 3 oranges, 200 g d'écorce confite d'orange et de citron, d'angélique, petits œufs à la liqueur et au chocolat

Réduisez le beurre en crème en le malaxant. Ajoutez progressivement le sucre en poudre, travaillez bien le mélange. Incorporez les œufs entiers l'un après l'autre. Versez ensuite la farine d'un seul coup, la levure, le zeste râpé et le jus d'orange. Versez cette pâte dans un moule à savarin soigneusement beurré et faites cuire 20 mn à four moyen. Aussitôt cuit, démoulez le gâteau sur un plat et arrosez-le doucement encore chaud du glaçage obtenu en délayant le sucre glace et le jus des oranges. Laissez refroidir. Découpez les fruits confits en fines lamelles, décorez-en le tour de votre gâteau pour simuler les brindilles d'un vrai nid et remplissez le creux du gâteau comme sur la photo page 64 de petits œufs à la liqueur et au chocolat.

Bavarois de Pâques

Pour 6 personnes
Bavarois : 1/2 l de lait, 1 gousse de vanille, 75 g de sucre en poudre, 5 jaunes d'œufs, 6 feuilles de gélatine, 2 dl de crème fraîche, 2 sachets de sucre vanillé
Pour la décoration : 30 petits bâtonnets enrobés de chocolat (type « fingers »), 1 cuillère à soupe de vermicelles en chocolat, 1 poule en chocolat
Pour la sauce au chocolat : 200 g de chocolat riche en cacao (50 % minimum), 1/4 l de lait, 1 noix de beurre

Préparez une crème anglaise : faites bouillir le lait avec la gousse de vanille préalablement fendue dans le sens de la longueur, retirez du feu, couvrez et laissez reposer pendant 10 mn. Faites tremper les feuilles de gélatine dans un bol d'eau froide. Travaillez les jaunes d'œufs avec le sucre, puis délayez peu à peu avec le lait refroidi. Faites épaissir le mélange crémeux obtenu sur feu doux et retirez du feu lorsqu'il nappe la cuillère. Ajoutez hors du feu la gélatine gonflée et mélangez délicatement avec la crème anglaise refroidie. Versez la préparation dans un moule à génoise de 20 cm de diamètre, huilé et saupoudré de sucre pour faciliter le démoulage. Laissez au réfrigérateur pendant 12 heures. Démoulez le bavarois au centre d'un plat. Pour décorer, coupez les petits gâteaux au chocolat en deux et disposez-les tout autour sur les bords de l'entremet. Étalez au centre du bavarois les vermicelles au chocolat puis déposez la poule au chocolat dans ce « panier » improvisé. Servez frais avec une sauce au chocolat obtenue en faisant fondre le chocolat cassé en morceaux à feu très doux dans le lait puis en ajoutant le beurre.

Échaudé au œufs de Pâques

275 g de farine, 60 g de sucre, 2 œufs, 1 cuillère à café de levure, 50 g d'huile d'olive, 2 cuillères à soupe d'eau de fleur d'oranger 6 œufs durs teints pour décorer

Dans une terrine, creusez un puits dans la farine et versez-y le sucre, les œufs battus, le sel, la levure (délayée dans un peu d'eau tiède), l'huile ainsi que l'eau de fleur d'oranger. Travaillez ce mélange jusqu'à ce qu'il soit bien homogène. Façonnez une couronne en gardant un peu de pâte de côté. Enfoncez les œufs durs teints (voir page 28 comment teindre les œufs) et maintenez-les avec des croisillons de pâte. Faites cuire à four chaud pendant une demi-heure.

Les agneaux alsaciens

Pour 1 agneau : 500 g de farine, 250 g de beurre, 1/2 l de lait, 2 œufs, 6 cl de kirsch, 25 g de levure de boulanger, 1 pincée de sel, sucre glace

Faites fondre le beurre dans le lait chaud. Délayez peu à peu la levure quand le lait est tiède, puis ajoutez les œufs battus, le kirsch, le sucre, la farine et le sel en travaillant le mélange jusqu'à obtention de la pâte. Laissez lever 1 heure. Faites cuire dans un moule en forme d'agneau pendant 45 mn à four moyen (thermostat 5-6 ou 180 °) puis saupoudrez de sucre glace. Mettez-lui un joli ruban autour du cou et le tour est joué !

Alise (ou galette) Pacaude

500 g de pâte à pain (achetée chez votre boulanger), 125 g de beurre, 2 œufs, 125 g de sucre, une pincée de sel, une cuillère à soupe d'eau de fleur d'oranger

Incorporez dans la pâte à pain tous les autres ingrédients. Donnez à votre pâte la forme d'un pain rond. Laissez lever 4 heures avant de faire cuire votre galette Pacaude à four moyen (thermostat 5 ou 165 °) pendant 30 mn.

La coutume veut que l'on n'y goûte pas avant le matin de Pâques. Si on déroge à cette règle, on risque que de trouver l'Alise Pacaude remplie de crapauds !

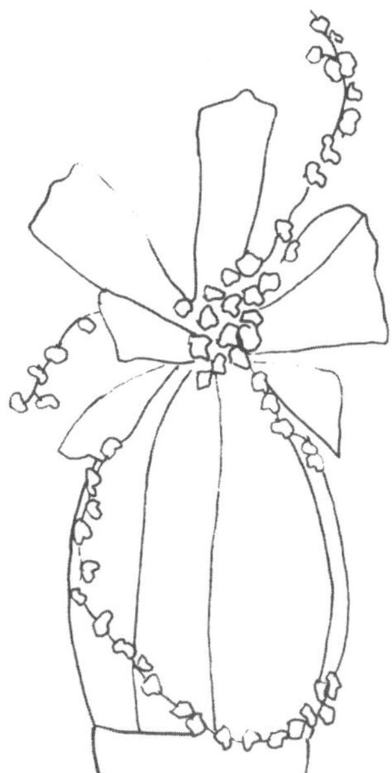

Et maintenant, il ne reste plus qu'à vous souhaiter :

DE TRÈS JOYEUSES PÂQUES!

Maquette et réalisation technique :
Synonymes
35134 Sainte-Colombe
Tél. : 02 99 47 70 60

Imprimé en France pour les Éditions Bornemann
au mois de février 1999 par l'Imprimerie Montligeon
61400 La Chapelle-Montligeon
Dépôt légal effectué en février 1999
N° d'imprimeur : 19271